Generis
PUBLISHING

L'EVALUATION DES PROJETS ET PROGRAMMES PAR ETAPE

KONE M'BANAN HIPPOLYTE

Title: **L'EVALUATION DES PROJETS ET PROGRAMMES PAR ETAPE**

ISBN: 979-8-88676-352-2

Author: KONE M'BANAN HIPPOLYTE

Cover image: https://unsplash.com/

Publisher: Generis Publishing
Online orders: www.generis-publishing.com
Contact email: info@generis-publishing.com

Ce document a été produit par **Monsieur KONE M'BANAN Hippolyte**, *Ingénieur Statisticien Economiste et titulaire d'une maîtrise en mathématique.*

Le document est basé sur l'expérience professionnelle dans la pratique, l'étude et l'enseignement ou formation en matière d'évaluation de projets et programmes. L'article est basé sur la connaissance en tant que théorie des principes d'évaluation des projets, et la pratique de l'évaluation des projets au sein des institutions pour lesquelles l'auteur a eu à faire des évaluations. L'essence de la théorie est fondée sur les normes UNEG en matière de théories d'évaluation. Des exemples sont cités pour mieux éclairer la lanterne du lecteur.

Par la présente, il remercie tous les auteurs des articles consultés tout au long de ces recherches, notamment UNEG. Il tient aussi à remercier les organismes pour lesquel il a eu à effectuer des travaux, à savoir: la CEDEAO, l'Union Africaine, la Commission Economique des Nations Unies pour l'Afrique, le Département de la Coordination des opérations des Nations Unies, la Banque Africaine de Développement, l'Union Africaine, l'Union Economique et Monétaire Ouest Africaine, et la Banque Mondiale dont les documents de recherche et les bases de données ont été d'une utilité inestimable pour le succès de la revue.

Une mention spéciale est faite à Madame Anna Rothmann Coordonnatrice des publications et Editions à la maison d'édition Generis Publishing. La rédaction de la revue a bénéficié de la contribution de Generis Publishing, maison d'édition du présent article, et de l'ensemble du personnel qui a bien pris de son temps pour améliorer la qualité du document tant dans le fonds que dans la forme.

Nous tenons aussi à remercier notre pays d'origine la Côte d'Ivoire dont la politique de développement des infrastructures éducatives a favorisé l'émergence des cadres.

Je rends enfin un vibrant hommage à mon père Emile M'banan Koné et ma mère Lagnon Agnès, qui ont su m'encadrer, m'éduquer et me conseiller tout au long de son existence.

Nous osons espérer que les réflexions menées tout au long de nos recherches seront d'un apport inestimable aux lecteurs.

Table des matières

ACRONYMES **9**

INTRODUCTION **11**

I. - OBJECTIFS ET BUTS D'UNE EVALUATION **13**

II. - PRINCIPES DIRECTEURS D'UNE EVALUATION **13**

III. - TYPES D'EVALUATION DE PROJETS ET PROGRAMMES **16**

IV. - CRITERES ET QUESTIONS D'EVALUATION **18**

V. - NOTION DE THEORIE DE CHANGEMENT **22**

VI. - PRINCIPALES ETAPES DANS LA CONCEPTION ET LA CONDUITE D'UNE EVALUATION **25**

6.1. Les termes de référence (TDRs) 26
6.1.1. Introduction 27
6.1.2. Contexte pays et contexte du projet 28
6.1.3. Objectifs et couverture de l'évaluation 28
6.1.4. Critères et questions d'évaluation 28
6.1.5. Méthodologie, Approche Assurance qualité et Validation 29
6.1.6. Etapes d'évaluation 30
6.1.7. Livrables 30
6.1.8. Plan de travail et chronogramme indicatif 31
6.1.9. Gestion de l'évaluation 31
6.1.10. Budget et modalités de paiement 32
6.1.11. Bibliographie 32
6.1.12. Annexes 33
6.2. La production du rapport de démarrage/conception/inception 33
6.2.1. introduction 34
6.2.2. Contexte du pays 34
6.2.3. Réponse stratégique du donateur et programme pays 35
6.2.4. Approche méthodologique 35
6.2.5. Théorie de changement 38
6.2.6. Phases de l'évaluation, plan de travail, livrables, gestion de l'évaluation et assurance qualité 42
6.2.7. Annexes 42
6.3. La rédaction du rapport d'évaluation 43
6.3.1. Sommaire 43
6.3.2. Introduction 44

6.3.3. Contexte du pays 45
6.3.4. Méthodologie 45
6.3.5. Constatations 47
6.3.6. Conclusions 49
6.3.7. Recommandations 49
6.3.8. Limites et leçons apprises 49
6.3.9. Annexes 49

CONCLUSION 51

BIBLIOGRAPHIE 53

ANNEXES 55

ACRONYMES

ICAO	International Civil Aviation Organization
AFD	Agence Française de Développement
FIDA	Fonds International pour le Développement Agricole
OCDE	Organisation pour la Coopération et le Développement Economique
CAD	Comité d'Aide au Développement
AFDB	African Development Bank (Banque Africaine de Développement)
UNODC	United Nations Office on Drugs and Crime
UNEG	United Nations Evaluation Group
DECO	Département de la Coordination des Opérations des Nations Unies
TDR's	Termes De Reférences
SPSS	Statistical Package for Social Sciences
STATA	Logiciel Statistique développé par StataCorp pour la première fois en Janvier 1984. Il est écrit en C, Fortran et Java.
QUALTRIC	Logiciel de traitement de données d'enquête et d'études, développé par l'Université du Kansas aux USA
NVIVO	Logiciel de traitement statistique développé par l'Université d'Ottawa aux Etats Unis
ODD	Objectifs pour le Développement Durable (Sustainable Development Goals ou SDG)
ONG	Organisation Non Gouvernementale

LISTE DES TABLEAUX

Tableau 1. Format de la matrice utilisée dans le cadre des évaluations de la DECO et de l'UNOD 36

Tableau 2. Format de matrice d'évaluation proposée par la Banque Africaine de Développement dans le cadre des évaluations de portefeuille 37

Tableau 3. Outils de reconstruction des hypotheses et theories d'une politique publique 39

Tableau 4. Outils de reconstruction des hypothèses et théories d'une politique publique 40

LISTE DES FIGURES

Figure 1. Théorie de changement proposée par John Mayne 24

INTRODUCTION

La pratique de l'évaluation est un exercice rigoureux et qui mérite beaucoup d'attention. Longtemps l'humanité s'est efforcée de résoudre les problèmes auxquels elle-même est confrontée, à travers des projets et programmes aussi intégrés que complexes. Les résultats obtenus se sont heurtés à deux difficultés majeurs dont: (i) la paternité des résultats, et (ii) l'effectivité desdits résultats qui très souvent sont dits mitigés.

A cet effet, la communauté des planificateurs a ressenti la nécessité d'introduire systématiquement des dispositifs de suivi et évaluation dans la conception et l'implémentation des projets, cette fonction est exclusivement réservée aux gestionnaires de projet/programme et permet de donner un avis sur l'atteinte dans le temps des résultats initiaux prévus, l'utilisation optimale des ressources humaines et financières mises à disposition, la production de changements positifs et durables. Dans ce contexte, des cadres de mesure des rendements ont été conçus, de même que des diagrammes de théorie de changement élaborés, et introduits pour une meilleure appréciation des résultats dans le temps d'une part, et des mécanismes de transmission desdits résultats d'autre part.

Face aux exigences de redevabilité toujours grandissantes, l'équipe de projet et les partenaires ont exprimé avec le temps des besoins d'identifier les lacunes, les points forts et les leçons apprises qui serviraient à améliorer la façon dont les interventions futures devraient être conçues et mises en œuvre. Ainsi, la fonction d'évaluation s'est trouvée être primordiale, pour l'appréciation de la pertinence, de l'efficience, de l'efficacité, de l'impact et de la durabilité afin de: (i) maximiser les apprentissages tirés de l'expérience, (ii) améliorer les processus de gestion opérationnelle, (iii) optimiser les décisions d'allocation budgétaire et (iv) pouvoir rendre compte des résultats obtenus à la population en général, aux bénéficiaires et aux partenaires techniques et financiers.

Selon l'institution ou selon le commanditaire, deux ou trois évaluations sont prévues tout au long de la mise en œuvre des projets. Les trois types d'évaluations selon la période d'exécution sont: (i) l'évaluation de base ou évaluation normative[1] (ii) l'évaluation à mi parcours ou évaluation formative, et (iv) l'évaluation finale ou évaluation sommative (ICAO, 2021).

[1] Michael Scriven, 1967, Programmes éducatifs, Curriculum evaluation

Afin de partager des notions d'évaluation des projets avec un plus grand éventail de praticiens et théoricien, le présent article a été conçu sur la base de plus de dix (10) années d'expérience. Il s'inspire non seulement des guides d'évaluation de l'UNEG, mais aussi tient compte des spécificités au niveau de chacune des institutions de développement engagées dans la pratique des évaluations. Les notions incluses sont le minimum requis et doivent être adaptables aux exigences spécifiques de chaque institution qui commandite les évaluations.

L'article est destiné à la communauté éducative, et aux chercheurs et ou consultants dans le domaine des évaluations, et présente les phases essentielles pour la conduite des évaluations, les principaux outils et cadres utilisés pour une évaluation, et les méthodes d'évaluation en vigueur. Il est structuré en six points dont: (i) Objectifs et buts de l'évaluation, (ii) principes directeurs d'une évaluation, (iii) types d'évaluations et programmes et projets, (iv) critères et questions d'évaluation, (v) notions de théorie de changement, et (vi) principales étapes dans la conception et la conduite d'une évaluation.

I. - OBJECTIFS ET BUTS D'UNE EVALUATION

L'évaluation a pour objet principal d'apprécier la contribution du projet/programme à l'atteinte des objectifs fixés dans le cadre logique du projet ou le cadre de mesure des rendements. Cet objectif est souvent appelé « Obligation de redevabilité». Il diffère selon la thématique abordée et selon l'orientation donnée par le cadre de mesure des rendements.

Deux utilisations essentielles sont généralement associées aux évaluations à savoir: (i) identifier les leçons apprises et les best practices en vue du renforcement des capacités des parties prenantes, ou «Prise en compte des enseignements», et (ii) alimenter le futur cycle de projet pour les évaluations sommatives ou la suite du projet pour les évaluations de base et les évaluations à mi-parcours.

Les objectifs spécifiques attribués à une évaluation peuvent se résumer comme suit:

- Dresser un bilan des réalisations, examiner les évolutions majeures et nouveaux défis;
- Evaluer l'efficacité dans la mise en œuvre des résultats stratégiques, y compris les principes de programmation tels que les droits humains, l'égalité des genres, l'inclusion des jeunes et des personnes vulnérables, le principe de «Ne laisser personne pour compte » ou discrimination, la durabilité et, la résilience;
- Evaluer comment les mécanismes de gestion et de coordination mis en œuvre ont soutenu la mise en œuvre, les partenariats, la mobilisation des ressources, l'adéquation des ressources par rapport aux résultats escomptés et, les mécanismes et stratégie de communication;
- Déterminer les contraintes et leçons apprises de la mise en œuvre, et formuler des recommandations et orientations concrètes à prendre en compte.

II. - PRINCIPES DIRECTEURS D'UNE EVALUATION

Les principes importants de toute évaluation sont: (i) objectivité, (ii) indépendance, (iii) participation des personnes concernées au processus intégral, (iv) transparence et focus, (v) traçabilité, (vi) Intégralité et clarté des rapports (vii) Fair-play et protection des intérêts des personnes concernées et (viii) Utilité.

Ces principes sont non exhaustifs, et essentiellement inspirés de la politique d'évaluation de la Coopération Autrichienne (Coopération-Autrichienne, 2009) avec des exemples tirés aussi du guide de l'AFD (AFD, 2013) et du guide du FIDA (FIDA, 2021).

Objectivité

Eviter des jugements de valeur et se fonder sur les faits et points de vue recueillis, tout en procédant de façon méthodique. Les résultats et les conclusions devront être justifiés et vérifiables. Utiliser les outils ayant servi au cours de l'implémentation du projet par exemple les listes de présence et les listes de bénéficiaires pour s'assurer de la prise en compte des aspects de genre, handicap et droits de l'homme, et aussi de l'implication de toutes les parties prenantes notamment les organes de décision des zones et ou pays d'implémentation pour justifier la prise en compte de la durabilité dans la conception du projet. Les résultats doivent être appuyés par des preuves palpables autant que possible, le gestionnaire de projet pourrait annoncer « *avoir pris en compte le genre dans l'implémentation et qu'au regard des noms des participants il peut indiquer le sexe de chacun* ». Une telle assertion devrait être appuyée par la présence systématique du champ sexe ou genre sur les listes de présence et les listes de bénéficiaires. Il en est de même pour la prise en compte des groupes d'intérêt (Parlement, organes de décision, société civile, leaders communautaires).

Indépendance

Les évaluateurs ne devraient avoir participé ni à la conception, ni à l'implémentation du projet. Ils ne devraient avoir eu non plus une promesse de participation aux activités futures du projet. Le processus de recrutement devrait être transparent et se faire idéalement par appel d'offre, avec des critères de sélection appliqués à chaque postulant. Pour garantir cette indépendance, certains organismes préfèrent sélectionner le chef de l'équipe d'évaluation dans un pays autre que le pays d'implémentation du projet/programme. De plus, au cours de la conduite de l'évaluation, la sélection de l'échantillon et la retranscription des entretiens devraient se faire en toute impartialité.

Prise en compte des personnes ressources tout au long du processus

Au cours de la confection des termes de référence, l'équipe projet devrait s'assurer de la participation des partenaires du projet et tenir compte de leurs exigences. Un mapping des différentes parties prenantes devrait être établi par l'équipe projet avant le démarrage de l'évaluation. Celui-ci sera revu par l'équipe d'évaluateurs ultérieurement au cours de la phase préparatoire en disposant la base ainsi obtenue de manière à assurer les représentativités programmatique (thématique); partenariale et géographique dans l'échantillon à sélectionner, pour une meilleure appropriation des résultats par tous les partenaires et bénéficiaires. Aussi en fonction des spécificités des questions, les évaluateurs devraient adresser des questionnaires par type de parties prenantes pour mieux adresser les questions et avoir des réponses tenant compte surtout des différentes phases du projet (Conception vs Implémentation) et des aspects transversaux (genre, droits humains, handicap).

Transparence et focus

Les termes de référence de l'évaluation doivent être clairement définis et bien ciblés. Une évaluation ne peut pas couvrir tous les critères OCDE/CAD avec le même degré. Les termes de référence doivent préciser les priorités et présenter les critères et questions d'évaluation préliminaires[2].

Traçabilité

Outre l'évaluation de base, les autres types d'évaluations devraient prouver les progrès accomplis sur la base des données de référence collectées initialement, ou éventuellement à partir d'études ou enquêtes réalisées précédemment. Des références doivent être faites aux études et enquêtes dans les domaines d'intervention du projet/programme. Les indicateurs issus de celles-ci sont utilisés comme des références pour apprécier les progrès vers l'atteinte des résultats. En cas de manque d'informations, les comparaisons peuvent aller jusqu'aux indicateurs au niveau international ou à des valeurs de référence (ex comparaison de l'inflation annuelle avec la référence ou plafond à ne pas dépasser au sein des pays membres d'une Union Economique X).

Intégralité et clarté des rapports

Le rapport devrait contenir une réponse à toutes les questions d'évaluation. Il doit être structuré en chapitres et sous chapitres portant des entêtes et sous entêtes. Une structure préliminaire est souvent proposée dans les termes de référence, et les évaluateurs proposent au cours de la phase de conception une structure affinée, qui ensuite est discutée et validée par l'Unité de gestion du projet/programme. Le rapport doit nécessairement contenir des annexes, une bibliographie, et la liste pas nécessairement nominative des institutions/personnes ressources interviewées.

[2] *Ultérieurement les évaluateurs doivent affiner les critères et questions préliminaires en donnant des explications sur le motif de leur choix (Présence dans les termes de référence vs nécessité de prendre en compte certaines dimensions eu égard à certains constats)*

Fair-play et protection des intérêts des personnes concernées

Mentionner que les résultats sont secrets et les réponses données par les participants sont confidentielles et ne peuvent être retracées. Cette mention est souvent faite sur les outils de collecte, et est toujours en introduction des entretiens. Les personnes identifiées pour répondre aux questions sont libres de répondre ou pas. Les évaluateurs essaient d'obtenir une adhésion de leur part. A cet effet, il faudrait prévoir éventuellement des personnes ressources de remplacement pour répondre aux questions, tenant compte des refus, de la période d'implémentation des projets allant souvent à trois ans et plus, des difficultés à se remémorer, et de la mobilité du personnel.

Utilité

Les recommandations de l'évaluation sont utilisées pour l'amélioration de projets/programmes. Les gestionnaires de projets doivent s'assurer de la mise en œuvre des résultats d'évaluation. Deux types d'utilisations sont généralement assignés aux évaluations, notamment[3]: (i) l'apprentissage et le renforcement des capacités à travers les leçons apprises, et (ii) la révision ou amélioration des projets/programmes similaires ou cycles suivants.

III. - TYPES D'EVALUATION DE PROJETS ET PROGRAMMES

Chaque projet/programme doit être soumis à une évaluation interne une fois dans le cycle de projet/programme. En plus, les projets peuvent aussi être évalués par des consultants externes. Trois types d'évaluations sont à distinguer (Coopération-Autrichienne, 2009):

§ **Évaluation externe type I**: Évaluations des programmes, thèmes transversaux, instruments et projets qui sont commanditées et pilotées par l'unité d'évaluation
§ **Évaluation externe type II**: Évaluations des programmes, projets et thèmes commanditées et pilotées par le bureau de coordination ou une unité du projet
§ **Évaluation interne**: Évaluations commanditées, pilotées respectivement exécutées par les agences d'exécution elles-mêmes.

[3] *Il est souhaitable de faire un suivi des recommandations après évaluation. Cette décision émane du management (Management Response), qui évalue la pertinence des recommandations, et décline chacune d'elles en activités, avec des délais de réalisations dûment mentionnés et les structures en charge de l'application dûment identifiées.*

Outre les évaluations, certaines institutions commanditent des revues qui sont des enquêtes moins complexes. Elles sont des éléments clés du processus de gestion d'un projet qui permettent à toutes les parties prenantes de faire le point sur l'état d'avancement avant de passer au jalon suivant (GRANGER, 2022). Elles ne contiennent pas nécessairement une analyse selon les cinq critères OCDE/CAD, ni ne doivent traiter des thèmes transversaux. Il est quand même recommandé de contrôler la logique d'intervention à chaque fois.

Les revues sont applicables quand le projet ou programme est analysé afin de:

- § Interpréter des résultats existants
- § Elaborer des « enseignements tirés »
- § Développer des stratégies futures qui résultent des enseignements tirés.

Elles sont généralement exécutées par des facilitateurs internes. Selon leur stratégie et méthode, elles sont appelées « évaluations internes », « auto-évaluations » ou bien « évaluations participatives».

Ces phases sont matérialisées par la validation de jalons (ou milestones) qui permettent de faire le point sur l'avancement du projet à un instant "t" et attester qu'une étape a été franchie avec succès et ainsi que la phase suivante peut être engagée. C'est au cours de ces rencontres formelles appelées "revues de projet" que les jalons sont validés ou amandés.

L'Unité d'exécution du projet/programme doit joindre les résultats de la revue au rapport annuel ou au rapport final, de même qu'une analyse de leur utilisation.

Les revues sont beaucoup courantes au niveau de la politique de suivi et évaluation initiée par la Banque Africaine de développement (AFDB, 2011), le Fonds International pour le Développement Agricole (FIDA, 2021), tout comme pour les organismes opérant dans le domaine de la santé, à travers les opérations de revues à mi-parcours de portefeuille, et les opérations de revue de mise en œuvre de programmes et projets.

Elles n'ont pas de standards internationaux[4], et les principes et standards des évaluations sont applicables.

[4] *Les rapports de progrès, les entretiens de suivis ou des réunions qui servent pour l'élaboration d'un rapport annuel ne sont pas considérés comme des revues.*

IV. - CRITERES ET QUESTIONS D'EVALUATION

Toute évaluation doit remplir trois conditions essentielles dont: (i) couvrir les cinq critères d'évaluation OCDE/CAD que sont relevance, efficacité, efficience, impact et durabilité; (ii) prendre en compte les thèmes transversaux comme la pauvreté, les relations entre les sexes, l'environnement; et le handicap, et (iii) analyser la logique de l'intervention (cadre logique).

Des critères supplémentaires peuvent être la participation ou les questions de pilotage/coordination, et souvent la fragilité telle que recommandée par la Banque Africaine de Développement pour tenir compte de la situation de crise que traversent les Etats africains.

Les cinq critères de l'OCDE/CAD sont définis comme suit:

RELEVANCE	Est-ce qu'on fait la bonne chose ? Quelle est la relevance respectivement l'importance de l'intervention par rapport aux besoins et priorités locaux et nationaux sur place ?
EFFICACITE	Est-ce que les objectifs de l'intervention pour le développement sont atteints? Quelle est l'effectivité respectivement le rendement du projet par rapport aux objectifs prévus (relation résultat – planification) ?
EFFICIENCE	Est-ce que les objectifs sont atteints économiquement? Comment est l'efficience respectivement le taux d'utilisation des ressources employées (relation moyens employés – résultats) ?
IMPACT	Est-ce que l'intervention contribue à l'atteinte des objectifs de politique de développement stratégiques (objectifs généraux) ? Quel est l'impact respectivement l'effet de l'intervention par rapport à la situation générale du groupe cible des concernés ou bénéficiaires?
DURABILITE	Est-ce que les effets positifs sont durables? Comment la durabilité de l'intervention peut-elle être jugée?

Certaines institutions telles que la Banque Africaine de Développement introduisent très souvent: (i) le critère de fragilité, pour tenir compte de la situation sécuritaire qui prévaut en Afrique, et (ii) des questions relatives aux systèmes d'auto-évaluation au niveau spécifique de la performance, de la pertinence, de l'efficience efficacité impact.

Pertinence

Il s'agit du degré de correspondance des objectifs de l'action de développement aux attentes des bénéficiaires, aux besoins du pays, aux priorités globales, aux politiques des partenaires et des bailleurs de fonds. A-t-on fait ce qu'il fallait? Quel degré a la pertinence ou le poids de l'intervention par rapport aux besoins et priorités? D'autres formulations sont possibles:

- § Dans quelle mesure les interventions correspondent-elles à la politique de planification de développement du pays destinataire ou bien du gouvernement partenaire ?
- § Quelle est l'importance de l'intervention pour les publics cibles et les groupes d'intérêt ou bien dans quelle mesure y a-t-il un lien avec les besoins et intérêts des bénéficiaires?
- § Dans quelle mesure correspondent les intérêts de base de la politique de développement, lutte contre la pauvreté, promotion de la démocratie et des droits de l'homme, égalité des femmes et des hommes, prise en considération du fonds culturel et de l'écologie, objectifs stratégiques et programmatiques homologues?

Les questions probables au niveau des outils de collecte peuvent se résumer comme suit:

- § Dans quelle mesure, selon le point de vue actuel, l'activité de développement vise-t-elle à la résolution d'un problème de développement important pour le/s public/s cible/s?
- § Dans quelle mesure l'objectif de l'intervention est-il cohérent avec la stratégie actuelle du pays partenaire, et dans quelle mesure l'intervention permet-elle de résoudre un problème de développement important ou d'un goulot d'étranglement crucial pour le développement du pays partenaire?
- § Dans quelle mesure l'objectif de l'intervention est-il cohérent avec les objectifs et les directives du commanditaire?
- § Dans quelle mesure l'orientation et la conception de l'intervention correspondent elles au niveau d'exigence actuel, au niveau des connaissances?

Efficacité

Il s'agit de la mesure selon laquelle les objectifs de l'intervention ont été atteints ou sont en train de l'être, compte tenu de leur importance relative. C'est aussi la mesure par laquelle l'intervention a atteint ses objectifs pertinents majeurs d'une façon efficiente et adéquate, et avec un impact institutionnel positif.

- § Les objectifs des interventions sont-ils atteints?
- § Quel est le degré d'efficacité du projet par rapport aux objectifs?
- § Dans quelle mesure les objectifs de l'intervention seront-ils (probablement) atteints?
- § Dans quelle mesure le public cible est-il atteint ?

Les questions probables sont résumées comme suit:

- § Dans quelle mesure les objectifs de l'intervention définis initialement étaient-ils réalistes, et dans quelle mesure correspondent-ils encore aux exigences et au niveau de connaissances du moment donné ?
- § Dans quelle mesure les objectifs (directs) de l'intervention ont-ils été réalisés conformément au dispositif visé (éventuellement adapté) ?
- § Quelle contribution (concrète) est fournie par les activités du mandataire pour la réalisation des objectifs de l'intervention?
- § Quels facteurs étaient décisifs pour la réalisation ou bien le manque des objectifs de projet jusqu'à présent?
- § Comment faut-il évaluer la qualité de la planification et du pilotage en matière de politique de développement et en matière technique?
- § Quels autres effets peuvent être constatés au niveau des performances et des objectifs?

Efficience

Il s'agit de la mesure par laquelle les ressources (fonds, expertise, temps, etc.) sont converties en résultats de façon économique.

Les interventions permettent-elles d'atteindre les objectifs économiquement? Quelle est l'efficience ou le degré d'utilisation des ressources employées?

- § Les moyens déployés se trouvent-ils dans une relation raisonnable par rapport aux résultats atteints ? Quelle est la relation coût-utilité ?
- § Dans quelle mesure les ressources individuelles sont-elles employées de façon économique?
- § Y a-t-il des alternatives pour réaliser les mêmes résultats avec moins d'efforts/moyens?

Les questions probables pour ce critère sont ainsi consignées

- § Quels étaient les coûts?
- § Est-ce que les coûts de l'intervention étaient dans un rapport raisonnable vis-à-vis de son utilité, du point de vue de la gestion d'entreprise et de l'économie nationale ?
- § Concernant l'emploi d'instruments et la conception de l'intervention, y aurait-il eu des solutions alternatives plus économiques pour la réalisation durable des objectifs ?
- § Est-ce que les prestations, capacités créées et potentielles sont adéquatement utilisés?
- § Est-ce que les prestations ont été établies à temps et est-ce que les effets ont été atteints dans une période adéquate ?

Impact

Il s'agit des effets à long terme, positifs et négatifs, primaires et secondaires, induits par une intervention de développement, directement ou non, intentionnellement ou non.

- § Quels ont été les résultats du programme ou du projet ? „
- § Quelle différence réelle l'activité a-t-elle induit pour les bénéficiaires ?
- § Combien de personnes étaient-elles concernées ?

L'intervention contribue-t-elle à la réalisation des objectifs supérieurs de la politique de développement ? Quel est l'impact ou bien quels sont les effets de l'intervention mesurés par rapport à la situation globale du public cible ou bien des intéressés:

- § Effets positifs et négatifs, intentionnels et non intentionnels,
- § Effets au niveau technique, économique, social, culturel, politique, écologique, par sexe et groupes sociaux.

Les questions éventuelles pour ce critère sont ainsi résumées:

- § Dans quelle mesure les objectifs de politique de développement visés initialement ont-ils été réalistes et dans quelle mesure correspondent ils encore aux exigences et au niveau de connaissances du moment donné?
- § Jusqu'à présent, dans quelle mesure a-t-on réalisé les impacts au niveau de la politique de développement? Quelle est la contribution de l'intervention à la réalisation des changements?
- § Dans quelle mesure l'intervention a-t-elle servi de modèle, et ou établi une structure, produit un effet à grande échelle?
- § Quels autres effets – positifs ou négatifs – ont pu être constatés?
- § Quel chemin aurait pris le développement sans l'intervention?

Durabilité/Viabilité/Pérennité

Il s'agit de la continuation des bénéfices résultant d'une activité de développement après la fin de l'intervention. La probabilité des bénéfices continus à long terme. La résistance au risque que les bénéfices nets disparaissent à long terme.

Est ce que les effets positifs sont durables ? Comment faut-il juger la viabilité ou la durabilité de l'intervention et de ses effets ?

- § Dans quelle mesure les activités, les résultats et les effets dureront-ils après la fin de l'intervention?
- § Dans quelle mesure l'intervention prend-t-elle en compte les facteurs économiques, écologiques, sociaux et culturels?
- § Dans quelle mesure notamment l'institution promue ou créée est elle autonome?

Les questions probables pour ce critère se présentent comme suit:

- § Dans quelle mesure les changements positifs et les impacts de l'intervention peuvent-ils être estimés durables par rapport aux objectifs?
- § En particulier: Dans quelle mesure la situation autour de l'intervention est-elle stable par rapport aux facteurs de justice sociale, performance économique, stabilité politique et équilibre écologique ?
- § Quels risques et potentiels s'annoncent à l'égard de l'efficacité durable des interventions et quelle est leur probabilité? L'efficacité de l'intervention aura-t-elle plutôt tendance à s'améliorer ou à se détériorer?
- § Dans quelle mesure les publics concernés sont-ils capables et disposés à sauvegarder les impacts positifs de l'intervention sans soutien à long terme?
- § Dans quelle mesure les organisations maîtres d'ouvrages sont-elles capables et disposées à sauvegarder les impacts positifs de l'intervention sans soutien à long terme?
- § Dans quelle mesure les publics concernés et les agences d'exécution ont-ils la capacité de s'adapter suffisamment à des changements externes et à des chocs ?

V. - NOTION DE THEORIE DE CHANGEMENT

Une théorie du changement ajoute à la chaîne d'effets les hypothèses causales qui sous-tendent chacun de ses liens, c'est-à-dire qu'elle explicite ce qui doit se produire pour que les liens de causalité se concrétisent.

La première étape de l'élaboration d'une théorie du changement consiste à développer la chaîne d'effets. La théorie de changement s'obtient en ajoutant les hypothèses[5] aux liens de causalité indiqués dans la chaîne des effets. Ces hypothèses indiquent les principaux événements et conditions qui doivent se produire pour que chaque lien de la chaîne des effets fonctionne comme prévu (Mayne, 2017).

Ces hypothèses sur les liens de causalité couvrent tous les risques associés à chaque lien de causalité; chacune des hypothèses[6] est une condition à réaliser pour la concrétisation de la théorie de changement.

<u>*Hypothèses quant à la portée*</u>

Ces hypothèses sont les événements et conditions qui doivent être réunies pour que les produits de l'intervention (extrants) rejoignent les groupes cibles et soient reçus

[5] *Qu'est-ce qui est nécessaire au fonctionnement du lien de causalité? Quels facteurs sont essentiels à ces processus de causalité? Pour des raisons pratiques, il nous suffit de considérer les principales hypothèses, celles qui ressortent du lot pour une raison ou une autre, qui sont remarquables et qui sont pertinentes pour la situation. D'autres, comme le fait que le soleil se lève tous les matins ou qu'une révolution ne s'est pas produite, ne sont pas pertinentes, bien qu'ex post, une révolution expliquerait facilement pourquoi l'intervention n'a pas fonctionné. L'articulation d'hypothèses sur les liens de causalité implique un savant mélange d'évidences scientifiques, d'expérience des parties prenantes et de théories provenant des sciences sociales.*

[6] *Dans l'exemple de la nutrition, les risques relatifs à la disponibilité d'aliments nutritifs et à la modicité de leur prix seraient pris en compte dans l'hypothèse que des aliments nutritifs sont disponibles à prix modique.*

positivement par eux. Par exemple, on posera l'hypothèse que les produits de l'intervention rejoindront effectivement l'auditoire cible et que celui-ci les considérera comme acceptables et dignes d'intérêt. Ici, un des principaux risques est que le groupe cible ne soit pas le « bon » groupe[7], il s'agit aussi de rejoindre la totalité du groupe ciblé et non, par exemple, uniquement les personnes qui sont volontaires pour participer.

Hypothèses quant aux changements dans les capacités

Ces hypothèses sont les événements qui doivent se produire et les conditions qui doivent changer pour que les produits (extrants) qui atteignent les populations cibles induisent des changements au niveau de leurs savoirs, leurs attitudes, leurs compétences, leurs aspirations et de leurs opportunités. Par exemple, il pourrait s'agir que les produits soient compris, réalistes, culturellement acceptables, considérés comme utiles, cohérents avec les compétences et valeurs préalables de la population cible, considérés comme pertinents par le groupe visé.

Hypothèses quant aux changements de comportement

Ces hypothèses sont les événements et conditions à réunir pour que les changements de capacité des groupes cibles se traduisent par une évolution réelle de leurs pratiques. On pourrait y inclure, entre autres, la capacité financière de réaliser les changements de pratique, l'acceptation par autrui (les pairs, les dirigeants sociaux, culturels et religieux, la famille) nécessaire à la réalisation des changements, la démonstration de l'utilité des changements de pratique, des politiques ou un cadre naturel favorables à l'adoption des pratiques, et l'accès aux biens et fournitures nécessaires.

Hypothèses quant aux avantages directs

Ces hypothèses sont les événements et conditions nécessaires pour que les changements de pratique procurent un avantage direct sur les conditions des bénéficiaires ciblés. On pourrait notamment poser l'hypothèse qu'un changement de pratique entraîne une augmentation nette du revenu, une utilisation régulière des services de santé ou une participation à la prise de décision.

[7] *comme dans une intervention en nutrition infantile qui vise des mères alors qu'en fait, ce ne sont pas elles qui décident qui mangera quoi;*

Hypothèses quant aux changements sur le bien-être

Ces hypothèses sont les événements et conditions préalables nécessaires pour que les avantages directs entrainent des changements au niveau bien-être des bénéficiaires.

On notera qu'une hypothèse sur le lien de causalité n'est pas une description du lien de causalité. La description d'un lien de causalité serait, par exemple, que l'évolution des savoirs, des compétences et ainsi de suite (la capacité) se traduiront, en pratique, par les changements attendus de comportement. Les hypothèses sur les liens de causalité expliquent comment et pourquoi le lien de causalité fonctionne (Mayne, 2017).

La structure du modèle nous force à considérer la façon dont on s'attend à ce que les résultats escomptés surviennent: Quel est le processus de causalité à l'œuvre? Que faut-il pour qu'il se concrétise? Le modèle est un cadre pour l'analyse du fonctionnement d'une intervention.

Il y a bien des façons de dépeindre les chaînes d'effets et les théories du changement. La figure 1 représente une théorie du changement générique de base qui s'est avérée utile dans plusieurs contextes. La séquence des cases de la figure est la chaîne d'effets (chaîne de résultats), dont il sera d'abord question. La figure 1 est une version améliorée du modèle de théorie du changement présenté par Mayne (Mayne, 2017).

Figure 1. Théorie de changement proposée par John Mayne

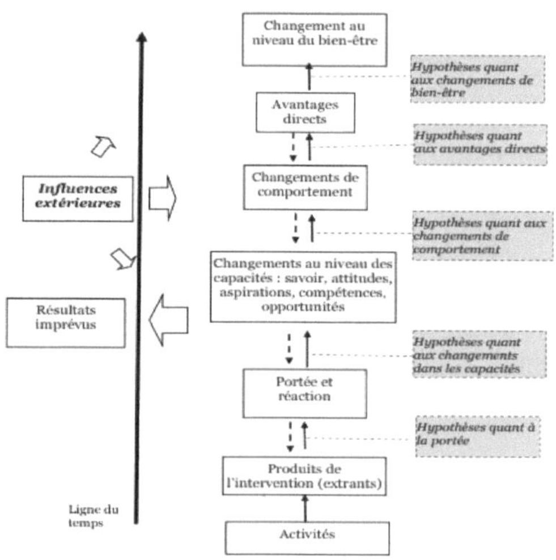

Source: Mayne et al. (Mayne, 2017)

Dans le modèle de la théorie du changement, les activités et les résultats sont représentés dans les cases. Les concepts utilisés sont ainsi mentionnés:

- § Les activités sont les actions entreprises par les personnes qui effectuent l'intervention.
- § Les produits de l'intervention, biens et services, sont les extrants qui résultent des activités.
- § La portée et la réaction sont, respectivement, les groupes cibles qui sont censés recevoir les biens et services de l'intervention et leur réaction initiale.
- § Les changements dans les capacités sont les changements liés aux savoirs de ceux qui ont reçu ou utilisé les biens et services de l'intervention, à leurs attitudes, compétences, aspirations et aux opportunités.
- § Les changements de comportement sont les changements qui se produisent dans les pratiques réelles, lorsque les membres du groupe cible agissent différemment ou utilisent les produits de l'intervention.
- § Les avantages directs sont les améliorations de l'état individuel des bénéficiaires.
- § Les changements au niveau du bien-être se traduisent par une amélioration cumulative à long terme du bien-être général des bénéficiaires.
- § Les influences extérieures sont les événements et conditions sans lien avec l'intervention qui pourraient affecter l'atteinte des résultats escomptés. Il peut s'agir d'autres interventions aux visées similaires ou encore de grandes tendances économiques ou sociales. Elles ne font pas partie inhérente de la théorie de changement relative à l'intervention.

La figure 1 indique les effets imprévus qui résultent des activités de l'intervention. Si ces effets sont probables, il faut les représenter. Il importe de rechercher activement les effets imprévus ex post. Notons aussi que malgré son apparence linéaire, la figure 1 prévoit explicitement une non-linéarité au moyen de la rétroaction entre les divers stades. Elle illustre aussi une ligne du temps indiquant à quel moment on peut s'attendre à ce que les changements escomptés se produisent (Mayne, 2017). Une ligne du temps, même avec des dates approximatives, est un ajout utile à la chaîne d'effets.

VI. - PRINCIPALES ETAPES DANS LA CONCEPTION ET LA CONDUITE D'UNE EVALUATION

Trois grandes étapes sont à distinguer dans la conception et la conduite d'une évaluation à savoir: (i) la rédaction des TDRs par le commanditaire, (ii) la phase préparatoire ou la phase de conception, et (iii) la phase de rédaction des rapports et de diffusion.

Ces étapes conduisent respectivement à: (i) la production des TDR's, (ii) la production du rapport de conception ou inception report, ou design report et (iii) la production du rapport final ou rapport d'évaluation.

6.1. Les termes de référence (TDRs)

La rédaction des termes de référence incombe au commanditaire de l'évaluation et devrait se faire de manière participative en prenant en compte les attentes des parties prenantes impliquées dans la conception et la conduite du projet ou programme concerné.

Les évaluations étant parties intégrantes des projets et programmes et étant davantage inscrites au nombre des activités à conduire, il est recommandé de rédiger les TDR's au moins trois mois avant le démarrage de l'évaluation et de les publier. Cette disposition permet d'obtenir de meilleurs profils pour le recrutement des consultants. Après la publication, s'en suit le processus de recrutement avec l'établissement de listes restreintes de candidats retenus (souvent six au maximum), et les compétitions entre lesdits candidats. La compétition peut se faire à travers la soumission d'offres techniques et financières et ou un test de compétences et aptitudes. Il peut s'agir de consultant individuel, de firmes ou d'un consortium.

Le plan de rédaction des TDRs varie selon les commanditaires. Au niveau du Programme des Nations Unies pour le développement, les rubriques essentielles recommandées dans les TDR's sont: (i) Historique et contexte, (ii) Objectif de l'évaluation, (iii) Portée de l'évaluation, (iv) Questions d'évaluation, (v) Méthodologie, (vi) Livrables, (vii) Composition de l'équipe d'évaluation et qualifications requises, (viii) Ethique de l'évaluation, (ix) Modalités de mise en œuvre, (x) Calendrier du processus d'évaluation, (xi) Budget, (xii) Annexes (UNDP, 2005).

Concernant la rédaction des termes de référence dans le cadre de l'évaluation des projets et programmes relatifs au VIH/Sida, l'UNAID et ses partenaires recommandent les rubriques suivantes: (i) Contexte et justification, (ii) Objectif de l'évaluation, (iii) Utilisateurs, (iv) Principales questions d'évaluation, (v) Groupe(s) cible(s), (vi) Interventions de prévention (vii) Indicateurs de prévention, (viii) Conception de l'évaluation, (ix) Principales sources de données et procédures, (x) Procédures d'analyse des données clés, (xi) Activités d'évaluation et calendrier, (xii) Membres de l'équipe et nombre de jours, (xiii) Soutien administratif et logistique, (ixv) Budget d'évaluation (UNAID, 2010).

La Banque Mondiale recommande les rubriques suivantes dans la structure des TDR's: (i) Renseignements généraux et justification, (ii) Objectifs précis et questions d'évaluation (iii) Portée de l'évaluation, (iv) Approche et méthodologie, (v) Gouvernance et responsabilisation, (vi) Principes directeurs et valeurs, (vii) Qualifications professionnelles (viii) Livrables et calendrier, (ix) Budget et paiement, (x) Structure de la proposition et lignes directrices, (xi) Références ou ressources supplémentaires (IEG, 2011).

Une synthèse faite des structures de TDR's recommandées par l'Organisation des Nations Unies pour la lutte contre le Crime et la Drogue (UNODC, 2022), le Département de la Coordination des Opérations des Nations Unies (UNEG, 2021), la Coopération Autrichienne (Coopération-Autrichienne, 2009), l'UNAID, la Banque Mondiale et le PNUD, nous permet de retenir celle de la DECO qui semble plus étayée et présente plus de détails. Toutefois, les commanditaires pourraient en faire des amendements. La structure retenue pour les TDRs est donc la suivante:

1. Introduction
2. Aperçu sur le contexte pays et le projet/programme
3. Objectis et couverture du projet
4. Critères d'évaluation et questions d'évaluation
5. Méthodologie et approaches d'évaluation, assurance qualité
6. Processus d'évaluation
7. Livrables de l'évaluation
8. Plan de travail et chronogramme
9. Gestion de l'évaluation
10. Budget et échéanciers de paiement
11. Bibliographie
12. Annexes

Dans la redaction, des TDR's, le commanditaire pourrait désagréger cette structure par sous chapitres..

6.1.1. Introduction

Les elements essentiels au niveau de l'introduction sont: (i) le rôle et l'importance des evaluations au sein de l'institution qui commandite ladite evaluation, dans certains cas, l'institution est différente de celle qui implémente le projet, il est donc recommandé de presenter aussi le role de l'évaluation au sein de l'instutition qui pilote le projet (ii) les principes tant nationaux et internationnaux qui guident la politique d'évaluation, (iii) l'importance de conduire cette evaluation, les probables utilisations et utilisateurs.

Cette section devrait aussi donner des informations sur (i) la population cible/les bénéficiaires, (ii) le mode de mise en œuvre, les partenariats pertinents, (iii) la manière dont les aspects liés au genre et aux droits de l'homme ont été intégrés dans le projet.

6.1.2. Contexte pays et contexte du projet

Les elements essentiels sont (i) brève presentation du projet à évaluer, (ii) brève presentation du context national en rapport avec ledit projet sur la base des indicateurs des secteurs sociaux economics et politiques (iii) effets et activités de meme que les principaux resultats attendus, tels que mentionnés dans les documents projet, et (iv) context national en relation avec les indicateurs du genre et des droits humains, de meme que les groupes vulnerables, le handicap.

Pour cette section, faire surtout un condensé du context dans les documents projet, éviter de faire une repetition desdits documents.

6.1.3. Objectifs et couverture de l'évaluation

Cette section présente essentiellement l'objectif global et les objectifs spécifiques de l'évaluation.

En d'autres termes, les TDRs doivent (i) décrire les raisons pour lesquelles l'évaluation a lieu. (ii) presenter comment les resultats de cette evaluation seront utilisés, (iii) faire un bref apercu sur les principaux utilisateurs des résultats par exemple la haute direction, la direction du programme, les parties prenantes, les bénéficiaires, les donateurs (iv) presenter les sujets ou thématiques à aborder au cours de l'évaluation, et (v) presenter la couverture temporelle et géographique de cette evaluation.

Généralement cette section est courte et il est recommandé au maximum une demie page.

6.1.4. Critères et questions d'évaluation

A ce stade, les critères et questions sont présentés par le commanditaire, et restent provisoires. Une reference est faite généralement aux critères de l'OECD[8]-DAC[9]

[8]Organization for Economic Cooperation and Development
[9]Development Assistance Committee

(relevance adaptabilité[10], effectivité, efficience, et durabilité) de meme que la coordination et les progress vers l'atteinte des objectifs.

Pour tenir compte des aspects humanitaires, deux autres critères sont souvent utilisés à savoir: (i) la couverture, en terme géographique et en termes de beneficiaries, et (ii) la connectivité, en termes de mécanisme de prevention, d'alerte précoce et de renforcement des capacitiés nationales.

En somme les TDRs devraient permettre de:

- § Formuler des questions d'évaluation (maximum 3 par critère) qui sont à la fois complètes, spécifiques et pertinentes pour le projet / programme.
- § Déterminer quels renseignements sont nécessaires pour satisfaire à l'objectif de l'évaluation; prendre en considération s'il s'agit d'une évaluation à mi-parcours (formative) ou finale (sommative).
- § Formuler les questions d'évaluation de manière sexospécifique, par exemple en demandant des informations ventilées par sexe

Les critères et questions d'évaluation de même que la matrice[11] d'évaluation sont provisoires à ce stade et seront revues par l'équipe d'évaluation. La version finale des critères et questions sera incluse dans une matrice d'évaluation reconstruite.

6.1.5. Méthodologie, Approche Assurance qualité et Validation

Cette section est critique et décrit l'approche méthodologique souhaitée et qui sera améliorée par les évaluateurs ou raffinée au cours de la phase de conception. Elle fait ressortir la logique des interventions qui devrait éventuellement conduire à la reconstruction de la théorie de changement. Les aspects de théorie de changement et de reconstruction présentés à ce niveau devraient se limiter aux liens entre les effets et les resultats Dans certains cas les liens avec les activités sont aussi exposés.

---

[10]Considérant la nature changeante de la programmation dans les pays en raison des vulnérabilités et des fragilités multidimensionnelles. Les FC devraient faire preuve d'une souplesse suffisante pendant la mise en œuvre pour tenir compte des questions émergentes.

[11]La matrice d'évaluation est une pièce maîtresse de la conception méthodologique de l'évaluation. Il est utilisé à toutes les phases de l'évaluation. il mérite une attention particulière de la part du responsable de l'évaluation, qui doit savoir comment le développer et l'utiliser. Le gestionnaire de l'évaluation et l'équipe d'évaluation devraient avoir une compréhension approfondie de cet outil. La matrice d'évaluation contient les éléments fondamentaux de l'évaluation: a) ce qui sera évalué (critères d'évaluation, questions d'évaluation et questions connexes à examiner – « hypothèses à évaluer »); b) la manière d'évaluer (sources d'information, méthodes et outils de collecte de données).

Cette section devrait aussi faire ressortir clairement la prise en compte du genre et des droits humains dans la méthodologie, et éventuellement faire un inventaire des limites dans cette prise en compte.

Les méthodes de collecte de données, les sources de données, les méthodes de validation, l'engagement des parties prenantes et la nécessité de leur prise en compte sont des aspects importants à présenter dans cette section. Ces aspects devraient conduire à la présentation de la matrice d'évaluation qui constitue un outil primaire d'analyse pour l'évaluation. Les liens entre les questions d'évaluation et les critères d'évaluation sont ensuite présentés, et dans la matrice, les questions doivent être déclinées en hypothèses et liées aux indicateurs. Les questions d'évaluation nécessitent d'être en lien étroit avec les sources de données et méthodes de collecte de données.

Un bref aperçu du processus d'assurance qualité et du processus de validation est aussi mentionné. L'assurance qualité devrait se faire à travers tout le processus d'évaluation jusqu'aux livrables.

6.1.6. Etapes d'évaluation

Cette section devrait presenter le contenu de chaque phase et les attentes de chacune d'elles: (i) phase préparatoire, (ii) phase de conception, (iii) phase de collecte de données, (iv) phase de redaction, (v) gestion des résultats et recommandations, dissemination et utilization des résultats:

a. **Phase préparatoire**: Développement des grandes lignes, constitution du comité de validation/pilotage, développement et publication des Tdr's, identification et recrutement de l'équipe d'évaluation,
b. **Phase de conception**: Revue de literature, méthodologie, analyse de la théorie de changement et reconstruction éventuellement, constitution de la base de sondage, selection de l'échantillon, plannification de la phase de terrain
c. **Phase de terrain**: collecte de données, validation de l'information;
d. **Phase de rédaction**: gestion et analyse des données, redaction du rapport; validation du rapport; soumission du draft de rapport, assurance qualité,
e. **Gestion des resultats, dissemination et utilisation des résultats**: Mentionner que cette tâche est du ressort de l'Unité de gestion et préciser cette unité.

6.1.7. Livrables

Au niveau de cette section, il est nécessaire de lister les livrables programmés dans le cadre de l'évaluation:

§ Rapport de démmarage/inception,
§ Présentation du briefing de la collecte des données à l'Unité de gestion
§ Rapport d'évaluation et annexes.

Toutefois les livrables variant selon les commanditaires, ils peuvent aller au delà des trois livrables cités plus haut. Très souvent les institutions recommandent un rapport provisoire auquel est endossé un paiement. Dans ces cas spécifiques, ledit livrable est clairement mentionné.

Les TDRs devraient clairement spécifier la langue dans laquelle les livrables doivent être restitués.

6.1.8. Plan de travail et chronogramme indicatif

Cette section présente les activités spécifiques à mener au cours de l'évaluation, de même que les livrables associés, et les délais pour chacune des phases de l'évaluation, notamment la phase de conception, le powert point de présentation des résultats de terrain ou de la collecte, et la soumission du rapport final. Il est préférable de consigner le calendrier des livrables dans une table, ce qui facilite les références.

6.1.9. Gestion de l'évaluation

Cette section présente la composition du comité de pilotage/validation, la composition de l'équipe d'évaluation tout en présentant les qualifications requises pour chaque membre dont le chef de l'équipe et les membres associés, et aussi les responsabilités du manager de l'évaluation.

Composition de l'équipe d'évaluation: Le commanditaire spécifie la composition des membres de l'équipe d'évaluation, et aborde leur nombre et les qualifications spécifiques réquises pour chacun. Il indique de façon sommaire les activités ou tâches de chaque membre de l'équipe, et leurs aptitudes et experiences. Un résumé des responsabilités envisagées pour chaque membre de l'équipe, des éventuels conflits d'intérêt est aussi nécessaire. Il est recommandé que les évaluateurs ne soient pas parties prenantes au projet, qu'ils n'aient participé ni à la conception, ni à l'implémentation du projet, qu'ils n'envisagent pas participer au cycle future éventuel du projet et qu'ils n'aient réçu aucune promesse en ce sens. Pour assurer cette éxigence, le chef de l'équipe d'évaluation est généralement un consultant international ne vivant pas dans le pays concerné, par contre les membres de l'équipe sont généralement des locaux.

Les projets ont tous des priorités ou axes mentionnés dans les documents de conception et il est recommandé que le nombre de consultants (hormis le chef d'équipe) soit égal au nombre d'axes prioritaires et que pour chaque thématique un consultant ait une experience avérée en la matière:

- § Le chef de l'équipe d'évaluation a la responsabilité globale de l'équipe, notamment la méthodologie, la conception et la mise en oeuvre de l'évaluation. Il doit avoir une experience spécifique en methodes d'évaluation, gestion des evaluations, et redaction des rapports. Il est responsable de la production et de la transmission à temps de tous les livrables en rapport avec les TDR's. Il interagit comme un expert pour chacun des axes prioritaires.
- § Les experts de l'équipe d'évaluation: ils sont des specialistes dans chacun des axes prioritaires en rapport avec le cadre de conception du projet et ont aussi une experience en evaluation. Ils sont responsables de la redaction des sections relatives aux différentes thématiques en fonction de leurs attributions.
- § Les autres membres: ils sont généralement des experts secondaires qui assistent les experts, ou sont des membres en charge de l'appui logistique aux consultants. Généralement ceux ci sont occultés dans la conception des TDR's, et aucune exigence spécifique n'est demandée en ce qui les concerne. Ils sont généralement recommandé ultérieurement par l'équipe d'évaluateurs retenue.

Chaque membre de l'équipe d'évaluation devrait pouvoir respecter les délais de production des livrables, et être en mesure de travailler dans un environnement multidisciplinaire, multicultural, et avoir des connaissances approfondies en matière de genre et de droits humains. Ils doivent avoir aussi des aptitudes à travailler en équipe.

6.1.10. Budget et modalités de paiement

Cette section ne présente que les differents bailleurs et partenaires financiers qui contribuent à la realisation de l'évaluation. Aucune exigence n'est faite pour indiquer le montant excacte de l'évaluation. Il est recommandé de mettre le montant exacte dans le rapport final de l'évaluation.

La section doit aussi presenter les jours de travail effectifs pris en charge pour chaque membre de l'équipe d'évaluation, et les ratios en termes de jours de travail effectifs par livrable.

6.1.11. Bibliographie

Cette section présente la liste des éventuels documents et sites internet à consulter par l'équipe d'évaluation.

6.1.12. Annexes

Les annexes comprennent au minimum:

- § Le code d'éthique d'évaluation à utiliser;
- § La composition des axes programmatiques couverts par le projet;
- § La liste des parties prenantes par domaine d'intervention,
- § La structure/table de matières du rapport final de l'évaluation
- § La matrice d'évaluation;
- § L'outil de revue de la qualité et une note explicative,
- § L'outil pour la gestion des recommandations
- § Les directives pour la redaction.

6.2. La production du rapport de démarrage/conception/inception

Cette tâche incombe à l'évaluateur. Au cours de celle-ci, il présente l'architecture de l'évaluation en tant que telle jusqu'à la production du rapport. Les outils et le timing de l'opération sont aussi présentés.

Le plan de rédaction du rapport de démarrage diffère selon les commanditaires[12]. Pour Denise Dayton dans son ouvrage « How to write an inception report », les éléments essentiels à inclure dans le rapport démarrage d'une évaluation sont ; (i) Introduction, (ii) méthodologie, (iii) plan de travail, (iv) appuis logistics (v) règles d'éthique, et (vi) bref résumé du projet à la date donnée (Dayton, 2020).

Les rapports de démarrage des évaluations de la Banque Africaine de Développement présentent souvent les rubriques suivantes: (i) Introduction (ii) contexte de l'évaluation, (iii) théorie de changement (iv) Méthodologie, (v) gestion et assurance qualité, (vi) plan de travail, (vii) annexe (AFDB, Inception Report: Evaluation of the African Development Bank Group Support to Green Growth and Climate Change (2008-2018), 2020).

L'USAID propose une structure plus simplifiée, les évaluateurs devant étoffer au mieux les différentes rubriques. Cette structure comprend: (i) introduction, comprenant un bref résumé, la liste des questions d'évaluation, et la compréhension des questions et la stratégie adoptée pour les réponses, (ii) conception de l'évaluation, (iii) méthodes de collecte de données, (iv) méthodes d'analyse de données, (v) les annexes

[12] *Toutes les institutions s'inspirent des normes DAC et UNEG, et au niveau spécifique de la Banque Africaine de développement, les évaluations portent en général sur les portefeuilles, et les rubriques essentielles qui s'apparentent à celles des autres organismes sont: (i) introduction, (ii) profile sectoriel, (iii) considérations clés, (iv) enjeux et questions d'évaluation (v) approches et méthodologies d'évaluation, et (ii) plan de travail.*

comprenant le plan de travail, les outils de collecte, les références, les rôles et responsabilités (USAID, Evaluation design report template, 2022)

Une synthèse faite des structures de rapport de démarrage recommandées par l'Organisation des Nations Unies pour la lutte contre le Crime et la Drogue (UNODC, 2022), le Département de la Coordination des Opérations des Nations Unies (UNEG, 2021), la Coopération Autrichienne (Coopération-Autrichienne, 2009), la BAD, l'USAID, la Banque Mondiale, et d'autres organismes de développement nous permet de retenir celle de la DECO qui bien qu'étant concise, donne encore plus de précisions sur le contenu des rubriques. Les chapitres recommandés sont:

1. Introduction
2. Contexte du pays
3. Réponse du commanditaire et projets ou programmes du pays concernant l'objet
4. Approche méthodologique
5. Théorie du changement du projet/programme
6. Les phases de l'évaluation, plan de travail, livrables, gestion de l'évaluation et assurance qualité
7. Annexes

Dans la rédaction du rapport de démarrage, les consultants pourraient sectionner les rubriques au mieux dans un souci de clarté et de lisibilité. Toutefois des paragraphes par sous section pourraient bien traduire le message ou l'idée à développer.

6.2.1. introduction

Les éléments essentiels à développer dans cette section sont: (i) le but, (ii) les objectifs, (iii) la couverture géographique thématique et temporelle de l'évaluation, (iv) les objectifs spécifiques du programme/projet et les domaines d'activité.

A la fin de cette section l'évaluateur mentionne le commanditaire de ladite évaluation, de même l'utilité du rapport de démarrage et de la dite phase (phase de démarrage). Ce rappel est important car il rappelle à l'évaluateur ses rôles et missions tout au long de l'exercice, il lui rappelle aussi la nécessité de faire une recherche documentaire poussée pour une plus grande maîtrise du travail, et une connaissance des limites et défis.

6.2.2. Contexte du pays

Les évaluateurs présentent dans cette section le contexte dans les différents secteurs dont: social, politique, économique, linguistique et culturel, démographique et géographique.

En plus de la présentation du contexte par secteur, les évaluateurs devraient: (i) présenter la situation par rapport aux différents challenges abordés par le projet, de même que les stratégies de réponse au niveau national pour répondre auxdits challenges (ii) présenter les objectifs ou les axes qui coïncident entre ceux du projet et ceux des programmes internationaux avec lesquels il est aligné (iii) présenter la situation du pays en rapports avec les différents indicateurs internationaux retenus dans son cadre de mesure des rendements, et (iv) présenter la situation et le rôle de l'assistance officielle des différents donateurs.

Au niveau de la présentation de l'assistance officielle, il est important de faire ressortir les principaux donateurs, et les axes stratégiques pour lesquels ils financent le projet.

6.2.3. Réponse stratégique du donateur et programme pays

Les éléments essentiels à présenter sont: (i) l'encrage ou l'alignement du projet avec le cadre stratégique et de coopération du donateur, (ii) les principaux caractères du projet tel que spécifiés dans le document de projet, (iii) la logique d'intervention c'est-à-dire le lien entre les activités, les effets et les résultats, (v) la couverture géographique, et (vi) l'évolution du projet dans le temps.

Une ventilation du budget par effet, activité, et résultats devrait être présentée en mettant l'accent sur ce qui était prévu et le budget effectivement mis à disposition. Cette analyse devrait déboucher sur celle des gaps et des taux d'absorption des budgets.

6.2.4. Approche méthodologique

A ce stade, les évaluateurs font une description détaillée et concise de l'approche méthodologique de l'évaluation, notamment: (i) une brève présentation ou résumé de l'approche de la théorie de changement mettant en relief les interventions logiques pouvant permettre une reconstruction de la théorie de changement, (ii) l'approche utilisée pour prendre en compte les dimensions genre, droits humains, (iii) les freins et limites pour prendre en compte les dimensions genre et droit de l'homme, et (iv) les questions et critères d'évaluation.

Il est recommandé d'utiliser les critères OECD-DAC dont: la relevance, l'efficacité, l'efficience, et la durabilité. En plus de ces critères, les évaluateurs tiennent compte de deux autres critères dont (i) les progrès vers l'atteinte des résultats ou valeur ajoutée, et (ii) les mécanismes de coordination. Ils devront donner les explications sur le choix des différents critères. Certains organismes retiennent aussi le critère fragilité, pour tenir compte des situations de crise socio politique qui subsistent dans certains pays, notamment la Banque Africaine de Développement dans ses interventions en Afrique.

Le choix des critères et questions d'évaluation retenus doit être justifié. Mentionner clairement dans le rapport si le critère ou la question retenu était inscrit initialement dans les termes de référence, ou pas. Au cas où ce critère ou la question n'était pas consigné dans les termes de référence, il faut donner le motif de son choix.

Les questions et critères d'évaluation sont ensuite consignés dans une matrice d'évaluation. Les différents formats de matrice d'évaluation utilisés par les institutions de développement diffèrent selon les champs. Ainsi, l'UNODC, la DECO, utilisent une matrice présentant les champs: (i) question d'évaluation et critères d'évaluation concernés, (ii) hypothèse à évaluer, (iii) indicateurs, (iv) source d'information et (v) méthodes et outils pour la collecte des données.

Tableau 1. Format de la matrice utilisée dans le cadre des évaluations de la DECO et de l'UNOD

Question d'évaluation et critères d'évaluations concernés			
Hypothèses à évaluer	Indicateurs	Sources d'information	Méthodes et outils pour la collecte des données

Source: L'auteur

Comparativement à celle utilisée par la Commission Economique Africaine UNECA, un seul champ diffère. Au niveau des évaluations de la DECO on utilise le champ hypothèse tandis qu'au niveau des évaluations de l'UNECA, de l'UNICEF et du BIT on utilise plutôt le champ sous question. Toutefois ces deux terminologies ramènent à la même problématique. En général, une hypothèse est une supposition qui est faite en réponse à une sous-question de recherche et qui aide à répondre à la question centrale. Les hypothèses sont utilisées pour tester des attentes ou suppositions, et remplacent souvent les sous-questions**Source spécifiée non valide.**.

Au niveau de la Banque Africaine de Développement, la matrice d'évaluation proposée dans le cadre de l'évaluation des portefeuilles présente les champs: (i) critère d'évaluation, (ii) questions d'évaluation ou questions spécifiques, (iii) approche méthodologique, (iv) principaux indicateurs, (v) données nécessaires, (vi) sources de données, (vii) méthodes de collecte des données, (viii) méthodes d'analyse des données.

Tableau 2. Format de matrice d'évaluation proposée par la Banque Africaine de Développement dans le cadre des évaluations de portefeuille

Critères d'évaluation	Questions spécifiques	Approches méthodologique	Principaux indicateurs	Données nécessaires	Sources de données	Méthodes de collecte des données	Méthodes d'analyse des données

Source: L'auteur

Les champs qui semblent être nouveaux comparativement aux autres cadres de matrices d'évaluation sont: (i) Approche méthodologique, (ii) données nécessaires, (iii) méthodes d'analyse des données.

Cette différence réside au fait que la Banque Africaine de Développement a un ensemble d'indicateurs synthétiques qu'elle essaie de capter au travers des évaluations. La complexité de ces indicateurs nécessite des approches méthodologiques plus étayées, de même que la connaissance des données nécessaires pour le calcul desdits indicateurs, et des méthodes d'analyse qui très souvent peuvent être complexes.

Une synthèse faite à partir des formes recommandées par la Commission Economique Africaine des Nations Unies, la BAD, l'UNODC, l'USAID, et la DECO permet d'affirmer que le minimum requis dans cette section comporte: (i) les questions d'évaluation qui permettent de rappeler les critères d'évaluation, (ii) les hypothèses ou souvent sous questions, (iii) les sources de données ou informateurs clés, et (iv) les méthodes de collecte.

Les questions d'évaluation doivent être pertinentes et étroitement liées aux indicateurs, de même qu'aux thématiques à aborder et aux hypothèses. Les questions devraient être aussi étroitement liées aux sources et méthodes de collecte des données. Il ne s'agit pas ici des questions relatives aux critères telles que formulées dans les termes de référence.

En plus des points soulevés précédemment, les évaluateurs doivent présenter: (i) les méthodes de collecte et d'analyse des données, (ii) la cartographie des parties prenantes, (iii) la méthode de sélection en vue de la constitution de l'échantillon, et (v) l'approche pour la prise en compte des dimensions genre et droits humains.

La cartographie des parties prenantes constitue la base de sondage et devrait être annexée au rapport de démarrage. La sélection de l'échantillon, à travers l'équipe technique d'évaluation et les groupes thématiques, devrait permettre des représentativités programmatique (thématique); partenariale et géographique afin d'assurer une meilleure appropriation de tous les partenaires et des bénéficiaires.

Une description de l'approche pour la prise en compte des dimensions genre et droits humains est ensuite présentée, de même que les facteurs limitant pour l'accès aux sources de données, et le développement des dimensions genre et droits humains.

Les mesures de mitigations sont exposées, et au cas où il en existerait expliquer comment est ce que les résultats de l'évaluation restent toujours valides et crédibles. Mentionner clairement dans le rapport qu'en dépit des limitations et difficultés constatées, des mesures de mitigation seront prises dont la triangulation pour assurer la crédibilité et la validité des résultats.

6.2.5. Théorie de changement

La logique d'intervention est abordée à ce niveau (théorie de changement). La théorie de changement initiale telle que mentionnée dans les documents originels est présentée. Cette théorie fait à ce stade une analyse synoptique permettant d'affirmer si oui ou non elle mérite une reconstruction. Cette analyse permet d'apprécier les différentes évolutions, notamment à travers les changements opérés dans l'implémentation du projet. Elle est différente de l'analyse des problèmes ou solutions faites avec les arbres logiques, il s'agit de voir les liens logiques entre, les résultats du projet qui permettent de contribuer à l'atteinte des priorités nationales, et les résultats des projets similaires qui contribuent à l'atteinte des priorités nationales.

Dans leur ouvrage adressé aux évaluations des politiques de protection, Alexandra et al. (Alexandra Loaiza Ramírez, 2021) proposent cinq étapes pour la reconstruction de la théorie de changement à savoir: (i) Reconstruction de la structure logique, (ii) Reconstruction des hypothèses théoriques, (iii) analyse des articulations entre les institutions, 'iv) les conclusions relatives à la reconstruction de la théorie de changement, et (v) les recommandations.

Tableau 3. Outils de reconstruction des hypotheses et theories d'une politique publique

Outils pour la reconstruction des hypothèses et théories d'une politique publique		
Etapes		**Description**
I-	Reconstruction de la structure logique de la politique dans son ensemble	Exposé de la logique énonciative de la politique, basée sur des propositions de type: « Si..., alors... »
II-	Reconstruction des hypothèses théoriques relatives aux questions qui sous-tendent les différents volets de la politique	Pour chaque partie (étape, objectifs, etc.): Logique énonciative (proposition de type, « Si..., alors... » qu'elle contient). Identification des hypotheses qui sous-tendent la politique, ainsi que leurs déterminants (commençant pas « Bien que...») Analyse de la cohérence et du degré de réalisation Analyse de la viabilité (par rapport aux objectifs)
III-	Analyse des articulations entre les institutions en charge de la mise en œuvre de la politique	Établir la liste des institutions en charge de la mise en œuvre de la politique, puis analyser leurs interactions (au moyen d'une analyse de réseau), et tirer des conclusions sur sa cohérence, son degré de réalisation et sa viabilité.
IV-	Conclusions	Formuler les conclusions sur la reconstruction des théories et les présenter, ainsi que sur l'évaluabilité de la politique.
V-	Recommandations	Il s'agit de proposer des recommandations applicables à la conception de la politique publique.

Source: Alexandra et al. (Alexandra Loaiza Ramírez, 2021)

La table synoptique proposée par la DECO (UNEG, 2021) est aussi similaire dans son essence à celle proposée par Alexandra et al. Elle permet de tester les hypothèses et la chaîne logique qui devrait découler de la théorie de changement initiale. Sur la base des consultations avec les leaders des principaux groupes thématiques (groupes mis en place dans le cadre de l'implémentation du projet), les évaluateurs testent le fonctionnement réel de cette chaîne de résultats. Ils s'interrogent sur la contribution réelle des extrants à la réalisation des effets escomptés par le commanditaire et aux différents piliers de développement nationaux. Le tableau d'analyse synoptique de la théorie de changement se présente comme suit:

Tableau 4. Outils de reconstruction des hypothèses et théories d'une politique publique

Piliers de la **Stratégie nationale de développement**	**Résultats du CNUAF**	**Résultats du plan de travail conjoint (20---20--)**	**Équipe d'évaluation** À la suite de l'analyse, l'ET peut proposer un meilleur alignement des (résultats du PTJ - résultats du FNAD - piliers de la NDS/ODD) si nécessaire. NB: Cette analyse ne devrait pas prendre trop de temps. Une réunion avec les groupes thématiques (ou PMT) est recommandée pour le faire rapidement.		
	Dans cette colonne, à partir du cadre de résultats de l'UNDAF, reliez les résultats du FNUAD aux piliers ou ODD spécifiques auxquels ils contribuent.	Dans cette colonne, reliez les extrants de chaque plan de travail conjoint aux résultats auxquels ils contribuent.	Analyse théorique des membres de l'équipe d'évaluation pour établir des liens contributifs **(A)**	Questions à l'équipe de gestion du programme (PMT) pour l'analyse de la **TdC(B)** NB: Ces questions au PMT (ou aux groupes de résultats) permettront à l'équipe d'évaluation de tirer des conclusions sur la nécessité ou non d'ajuster la TdC (reconstruction).	Conclusions des membres de l'équipe d'évaluation sur l'harmonisation entre les extrants et les résultats et entre les résultats et les piliers. **(A)+(B)**
Pilier 1:	p. ex. Résultat 1	p. ex. Sortie 3	entre: « résultat 1 » et pilier 1 (ODD) « Extrant 3 » et résultat 1 »	**<u>Question d'approfondissement 1</u>**: Au cours de la mise en œuvre du programme, comment les stratégies et les activités visées au produit 3 ont-elles contribué à la réalisation du résultat 1? **<u>Question d'approfondissement 2:</u>** « Au cours de la mise en œuvre, y a-t-il eu des changements vers la production X, en termes de révision de la formulation, de changement d'activités; ou pour	

				aborder des questions émergentes ou d'autres raisons; etc? **<u>Question d'approfondissement 3:</u>** En faisant le point sur l'expérience de mise en œuvre, pensez-vous que le produit 3, ses stratégies et ses activités auraient pu être modifiés pour mieux contribuer à l'atteinte du résultat 1? Si oui, comment?	

Source: UNEG-DECO

A ce niveau les consultations avec les groupes thématiques ou groupes de résultats deviennent critiques car ils sont les mieux informés sur la conduite des activités ou des interventions par résultat. Une théorie de changement reconstruite est proposée à la fin de cette analyse. Cette théorie présente la logique actuelle avec laquelle le commanditaire s'est déployé sur le terrain, et devra servir dans les prochains cycles ou pour le développement futur de projets similaires.

6.2.6. Phases de l'évaluation, plan de travail, livrables, gestion de l'évaluation et assurance qualité

A ce niveau les évaluateurs décrivent (i) le processus entier pour la conduite de l'évaluation, et les différentes étapes, (ii) le chronogramme détaillé pour chaque phase et étape de l'évaluation, tout en indiquant les livrables escomptés pour chaque étape et des délais raisonnables, (iii) l'équipe d'évaluation, tout en précisant les rôles et responsabilités de chaque membre, du chef de l'équipe d'évaluation, de même que celui du manager de l'évaluation (iv) les détails sur le travail de collecte en donnant des spécifications sur les appuis/arrangements logistiques et administratifs, et (v) le budget nécessaire pour l'évaluation si possible.

De plus, la gouvernance générale de l'évaluation est clairement exposée, et l'approche pour l'assurance qualité clairement décrite.

6.2.7. Annexes

Les annexes doivent comporter au minimum:

- Les termes de référence
- La matrice d'évaluation
- Un mapping clair des parties prenantes, mettant en illustration celles qui ont été sélectionnées pour la collecte des données primaires et la liste des personnes consultées
- La théorie de changement graphique et ou matrice
- Les outils de collectes
- La présentation des interventions globales du partenaire de même que les données financières
- La bibliographie/les documents consultés,
- Le plan de travail révisé pour l'évaluation

6.3. La rédaction du rapport d'évaluation

Les rapports d'évaluation ne sont pas généralement longs au maximum 40 pages ou 8500 mots. Ils doivent être concis, clair et présenter une logique déductive. Ils obéissent aussi aux standards en matière de rédaction de rapports: page de garde, avant propos, liste des tableaux, listes des figures, bibliographie, annexes, liste des acronymes.

Au niveau de la structure du rapport, les institutions semblent se rejoindre. L'analyse des guides d'évaluation de la BAD (AFDB, 2001) a montré que les sections essentielles et qui se trouvent aussi dans les directives faites par DECO-UNEG et UNODC, sont: le résumé, (ii) le contexte du projet, (iii) la théorie de changement, (iv) les résultats, (v) les leçons et recommandations.

De même le format proposé dans les rapports d'évaluation de l'USAID se structurent autour de: (i) résumé exécutif, (ii) but objectifs et questions d'évaluation (iii) contexte (iv) méthodes d'évaluation et limites, (v) résultats conclusion et recommandations, et (vi) annexes (USAID, Evaluation report template, 2022).

La Coopération Britannique (DFID) propose un plan se résumant à: (i) Résumé exécutif (ii) brève présentation du projet (iii) méthodologie de l'évaluation, (iv) résultats et leur interrelation avec les critères d'évaluation (v) Innovations et leçons apprises, et (vi) recommandations (DFID, 2012).

Une analyse des structures de rapports d'évaluation de l'Organisation des Nations Unies pour la lutte contre le Crime et la Drogue (UNODC, 2022), du Département de la Coordination des Opérations des Nations Unies (UNEG, 2021), de la Coopération Autrichienne (Coopération-Autrichienne, 2009), de la Banque Africaine de développement (AFDB, 2022) , de même que des autres organismes[13] produisant des rapports d'évaluation, permet de retenir les chapitres et recommandations suivantes: (i) sommaire, (ii) introduction, (iii) contexte du pays, (iv) méthodologie, (v) constatations, (vi) conclusions, (vii) recommandations, (viii) limites et leçons, (ix) annexes.

6.3.1. Sommaire

Le sommaire fournit un bref résumé (normalement pas plus de deux pages) de l'évaluation. Le résumé doit présenter l'histoire générale de l'évaluation d'une manière claire, concise et convaincante.

[13] USAID (United States); DFID (United Kingdom); AusAID (Australia); CIDA (Canada); DANIDA (Denmark; UNDP; and THE World Bank.

En somme, les points essentiels à inclure sont:

- § Un bref aperçu du but et de l'objectif de l'évaluation (c.-à-d. pourquoi l'évaluation est entreprise)
- § Un bref résumé de la portée de l'évaluation et des principaux domaines d'étude, tels que détaillés dans le document projet.
- § Un bref résumé de la méthodologie.
- § Un résumé concis des principales conclusions de l'évaluation, rédigé sous forme de résumé ou de puces. Un maximum de six constatations clés est recommandé.
- § Un bref résumé des déclarations finales et des recommandations proposées.

Notez dans le corps du texte que le rapport d'évaluation sera suivi d'une réponse obligatoire de la direction et d'un plan d'action rédigés par le comité directeur de l'évaluation. Cette exigence est faite pour les institutions qui en prévoient. Toutefois, elle est de plus en plus recommandée aux institutions.

6.3.2. Introduction

L'introduction détaille l'objectif, le sujet et la portée de l'évaluation, les questions d'évaluation et la structure du rapport. Les points essentiels à développer sont:

- § But et objectif de l'évaluation (expliquer pourquoi l'évaluation a été entreprise): qui/quoi a mandaté/demandé l'évaluation, ce que l'évaluation vise à atteindre (y compris la responsabilisation et l'apprentissage) et comment les résultats seront utilisés.
- § Objet: brève description de l'objectif principal de l'évaluation.
- § Portée: aperçu de certains domaines d'enquête et des résultats (dérivés de la théorie du changement); les types d'intervention à évaluer; couverture géographique; période (tant pour les données à examiner que pour la réalisation de l'évaluation elle-même); cibler les intervenants; et les raisons des choix de portée. La section devrait préciser si et comment l'évaluateur a abordé les six principes de programmation fondamentaux (responsabilisation, LNOB, HRBA, égalité des sexes, résilience et durabilité).
- § Questions d'évaluation: une brève synthèse est faite à ce niveau.
- § Structure du rapport d'évaluation: un court paragraphe présentant les chapitres du rapport d'évaluation.

L'introduction doit être brève une page maximum.

6.3.3. Contexte du pays

Tout comme au cours de la phase de conception, cette section présente le contexte actuel du pays. Les rapports devraient viser à être aussi concis que possible, en mettant en évidence les principaux défis et opportunités en matière de développement, d'aide humanitaire et de paix, ainsi que les changements de statut au niveau des pays depuis la dernière évaluation similaire. Elle est inspirée du rapport de démarrage et en est une amélioration. Les points à aborder sont:

§ Bref aperçu du contexte actuel du pays, y compris les principaux défis et/ou opportunités en matière de développement, humanitaires et/ou de paix, et les changements de statut.
§ État d'avancement national de la réalisation du projet.
§ Vue d'ensemble du statut des domaines de coopérations, et des domaines d'intervention et d'état programmatiques/normatifs du principal commanditaire du projet.
§ Principales parties prenantes et partenaires aux niveaux national, régional et mondial.

Se basant sur la cartographie faite au cours de la phase de conception, il serait important de présenter la situation des sous projets dans le cadre d'un projet complexe ou d'un cadre de coopération englobant plusieurs autres projets. De même les évaluateurs devraient faire la ventilation des montants approuvés par sous projets.

Dans certains cas, le contexte pourrait s'achever aussi par la présentation de la théorie de changement reconstruite, ou de la théorie de changement initiale si elle n'a pas subie de reconstruction par les évaluateurs. Celle-ci devrait servir à alimenter les débats au cours de la restitution et des travaux préliminaires pour les prochains cycles du projet ou pour l'implémentation d'un projet de même type. Il s'agit de reprendre ici la théorie de changement retenue au cours de la phase de conception, telle que consignée dans ledit document.

6.3.4. Méthodologie

La section sur la méthodologie devrait détailler la conception de l'évaluation et les méthodes de collecte des données, y compris les sources de données, l'analyse des données et les mesures à prendre pour assurer la réactivité à l'égard du genre, des droits de la personne et de l'environnement. La section devrait détailler les mesures prises pour se conformer aux normes et standards afin de garantir les meilleures pratiques en matière de gestion, d'exercice et d'utilisation de l'évaluation. Les points à développer sont:

- Cartographie des intervenants et modes d'engagement: il faut se référer aux méthodes utilisées pour assurer la mobilisation des intervenants tout au long de l'étude. Il est conseillé d'inclure (dans la section ou l'annexe) une carte ou un tableau des intervenants détaillant tous les intervenants internes et externes consultés et engagés tout au long de l'évaluation.
- Sources de données et collecte de données: comment les données ont été fournies et par qui (par exemple, au moyen de documents, d'intervenants externes, de bénéficiaires, etc.) et comment les données ont été recueillies (p. ex. au moyen d'entrevues, d'examens documentaires, d'enquêtes et/ou d'observations directes). Cette section devrait inclure les méthodes d'échantillonnage utilisées et décrire les considérations relatives à l'égalité des sexes et aux droits de la personne dans la conception du processus de collecte de données. La section devrait détailler toute limitation du processus d'évaluation (disponibilité des parties prenantes et des bénéficiaires, taux de réponse à l'enquête et situations de sécurité ayant une incidence sur la collecte de données).
- Analyse des données: explique les méthodes appliquées et les mesures prises pour compiler, analyser et trianguler les données afin d'identifier les preuves clés et d'obtenir les résultats de l'évaluation. La section devrait détailler tous les outils ou instruments d'analyse spécifiques utilisés (SPSS, STATA, Qualtrics et NVivo) et les méthodes utilisées pour assurer la triangulation des données et l'analyse de genre.
- Gouvernance: détailler la gestion de l'évaluation et la structure de gouvernance, y compris le rôle joué par le Comité directeur ou pilotage pour l'évaluation.
- Assurance de la qualité et éthique: détailler les activités d'assurance de la qualité, y compris la prévention des conflits d'intérêts.
- Éthique: le rapport devrait détailler les approches et les méthodes utilisées pour assurer les normes éthiques de conduite les plus élevées, y compris en veillant à ce que tous les répondants obtiennent le consentement éclairé.

Les évaluateurs devraient aussi faire un résumé des critères et questions d'évaluation, de même que présenter le barème de notation utilisé. Les barèmes varient selon les institutions, quatre points, cinq points et 6 points. Il est recommandé aux évaluateurs de s'adapter au barème en vigueur au sein de l'institution qui commandite l'étude, au cas échéant un barème de chiffre impair est recommandé pour pouvoir capter aussi l'effet de neutralité des personnes ressources face aux questions abordées.

6.3.5. Constatations

Les résultats doivent être clairement organisés et cohérents, logiques et pertinents dans leur relation directe avec les questions d'évaluation, succincts et précis, objectifs et analytiques. Les résultats devraient expliquer clairement « pourquoi » les choses se passent ainsi que « ce » qui se passe. Au maximum soutenir les résultats ou constats par exemple des listes de présence avec mention du champ genre, pour la prise en compte du genre, référence faite au cadre de mesure des rendements pour la prise en compte du genre dans la conception du projet, et références faites à des lois ou décrets par exemple la prise en compte des femmes dans les instances de décision au Mali avec l'introduction de quotas à l'Assemblée Nationale permettant d'accroître la proportion des femmes à au moins 30% (Loi n° 2015-052/ du 18 décembre 2015, 2015).

Chaque domaine de résultat ou de constatation devrait être clairement intitulé avec le domaine de résultat ou l'énoncé de constatation clé et s'assurer que les principes clés de programmation sont reflétés. Les résultats devraient refléter l'analyse comparative entre les sexes.

Les représentations textuelles et visuelles des données devraient être utilisées pour s'assurer que les résultats sont à la fois attrayants et clairement affichés sous la forme la plus appropriée. Des prises d'image ou des extraits faits des lignes budgétaires par exemple pour apprécier le niveau de décaissement, ou des images de réalisations sur le terrain pourraient être des illustrations.

Pertinence

Pour étayer les résultats les évaluateurs devront faire référence aux documents de politiques du pays, plans nationaux de développement par exemple, documents rétrospectifs, les rapports nationaux sur les ODD, les rapports nationaux sur le développement humain. Des références doivent aussi être faites aux textes légaux, décrets et lois, et les chartes pour appuyer les résultats. Les résolutions prises aussi au cours de certaines grandes rencontres peuvent servir de preuves.

Dans le cadre de documents cadres, les évaluateurs devraient être précis en faisant ressortir desdits documents les objectifs et cibles concernées en regard avec la priorité et l'axe du projet concerné. C'est donc pour eux un exercice de matching.

Efficacité

Les évaluateurs pourront utiliser comme preuve, les rapports de fin de projet ou rapports bilans, mais dans une moindre mesure car ils pourraient ne refléter que les points de vue du commanditaire, ils sont souvent produits en interne et pourraient ne pas refléter le caractère indépendant de l'évaluation.

Les évaluateurs devraient tenir compte des rencontres et discussions avec les bénéficiaires, les partenaires d'implémentation sur le terrain. Aussi, les observations directes sur le terrain devraient servir de preuves pour appuyer les différents résultats enregistrés. Pour certains indicateurs mesurables, les évaluateurs pourront se baser sur les études et enquêtes au niveau national au cours de la période, pour apprécier l'atteinte des résultats, en sollicitant les différentes bases de données auprès des organismes et structures productrices.

Les difficultés tant internes que externes devraient être recensées au près des gestionnaires de projets, des partenaires d'implémentation, et des bénéficiaires.

Durabilité

Pour appuyer la durabilité, les évaluateurs pourraient apprécier (i) l'implication des communautés locales dans le processus de conception et d'implémentation des projets, (ii) le recrutement de prestataires et fournisseurs locaux, avec même des pages de couverture si possible de contrats ou signatures sans trop aller dans les détails (iii) l'implication des ONG locales, si possible des pages de convention (iv) l'implication des autorités administratives locales, liste des personnes impliquées ou arrêté de désignation (v) les dispositifs de renforcement de capacités, (vi) la mise en place de structures ou d'unités intégrées dans les ministères, par les décrets et arrêtés, et (vii) le respect des normes et conditions environnementales, par la présence systématique de clause spécifique dans les contrats des partenaires d'implémentation, tous confondus, aussi par les prises de vues sur le terrain ou observations directes.

Pour tous ces aspects, citer nommément les documents les intégrant ou les différents entretiens tenus au cours de la phase de collecte, ou préciser le lieu des prises de vues.

Efficience

Au niveau de cette section, les évaluateurs devront faire une analyse du budget, apprécier les taux de décaissement des budgets. Donner les explications à partir des entretiens faits avec les partenaires d'implémentation et le commanditaire du projet. Il faut aussi donner des explications aux niveaux de décaissement enregistrés. Les évaluateurs devraient aussi se baser sur des projets similaires pour comparer les coûts unitaires si possibles.

6.3.6. Conclusions

Les déclarations finales doivent être présentées de manière claire et concise sur la base des conclusions et étayées par des preuves. Les conclusions devraient refléter des jugements évaluatifs raisonnables qui ajoutent de la perspicacité. Elles devraient aussi faire une analyse au-delà des constats et englober les progrès réalisés en ce qui concerne l'égalité des sexes et d'autres principes transversaux.

6.3.7. Recommandations

Les recommandations doivent être:

§ Pertinentes: clairement basées sur les résultats de l'évaluation et explicitement liées à ceux-ci.
§ Priorisées: classées par ordre d'importance ou d'urgence.
§ Ciblées: adressées à l'entité/à l'organisme/au point focal approprié.
§ Limitées dans le temps: précises sur la date/période de mise en oeuvre des recommandations
§ Claires: aussi précises que possible, tout en évitant une prescriptivité excessive.
§ Faisables: réalisables dans la limite des délais et ressources disponibles.
§ Stratégiques: susceptible d'apporter de réels changements.

6.3.8. Limites et leçons apprises

La section sur les limites et les leçons apprises donne l'occasion au commanditaire de réfléchir aux possibilités et aux défis présentés par l'évaluation, afin d'assurer les meilleures pratiques dans les évaluations futures. La section peut détailler les limites de la phase de collecte de données, y compris, par exemple, la disponibilité des parties prenantes et des bénéficiaires, les taux de réponse aux enquêtes et les situations de sécurité ayant une incidence sur la collecte de données et la façon dont les limites de données ont été surmontées.

6.3.9. Annexes

Les annexes doivent comporter au minimum:

§ La théorie du changement par rapport à laquelle les résultats ont été évalués.
§ Le cadre de résultats du cadre de coopération ou projet.
§ Plans de travail communs.

- § Plus de détails sur la méthodologie, y compris, par exemple, les instruments de collecte de données (y compris les détails de leur fiabilité et de leur validité) et les stratégies d'échantillonnage.
- § Portée géographique (y compris les pays/régions/sites visités, si elle n'est pas détaillée dans le corps du rapport).
- § Liste des intervenants interrogés
- § Matrice de conception de l'évaluation.
- § Organisations et/ou institutions engagées. Pour des raisons de confidentialité, les personnes interrogées ne devraient pas être nommées dans le rapport. Le cas échéant, cependant, les organisations engagées en tant que répondants pourraient être nommées.
- § Données quantitatives/résultats d'enquête au-delà de ceux détaillés dans le corps du rapport.

CONCLUSION

Nous retenons que pour mieux aborder une évaluation, il convient de prendre les dispositions depuis la conception du projet, en passant par la production des termes de référence, le recrutement des évaluateurs, la production du rapport de démarrage et celle du rapport final de l'évaluation.

L'évaluation doit être partie prenante du projet et incluse ou programmée depuis la conception du projet. Plusieurs évaluations sont recommandées et trois au maximum. Toutes ces évaluations devraient faire l'objet d'une programmation minutieuse. La structure des TDR's, de même que celles des rapports de démarrage et des rapports finaux d'évaluation diffère selon les commanditaires. Toutefois les structures adoptées par les commanditaires ont en commun des rubriques qui constituent le minimum à prendre en compte dans la production de chacun desdits documents.

Après l'évaluation suit la phase de gestion des résultats de l'évaluation avec la réponse de l'unité de gestion ou management response. Chacune des recommandations fait l'objet d'une analyse minutieuse, les gestionnaires du projet devant se prononcer sur son maintien ou non et la décliner en activités spécifiques à prendre en compte.

Il est au final recommandé aux évaluateurs de s'en tenir aux principes et directives de chacun des commanditaires pour la production des différents documents essentiels au cours d'une évaluation.

BIBLIOGRAPHIE

AFD. (2013). *Politique d'évaluation de l'Agence Française de Développement.* France: AFD.

AFDB. (2011). *Évaluation de la Politique de la BAD en matière de revue et de restructuration de portefeuille pays 2011-2019.* Abidjan: AFDB.

AFDB. (2022, 03 12). *Evaluation Indépendante pour le Développement.* Consulté le 03 12, 2022, sur Rapports annuels: http://www.idevd7.afdbnet.com/fr/page /rapports-annuels-idev

AFDB. (2020). *Inception Report: Evaluation of the African Development Bank Group Support to Green Growth and Climate Change (2008-2018).* Abidjan.

AFDB. (2001). *REVISED GUIDELINES ON PROJECT COMPLETION REPORT (PCR) EVALUATION NOTE.* Abidjan: AFDB.

Alexandra Loaiza Ramírez, D. B. (2021). *Evaluabilité et reconstruction de la théorie du changement pour une politique de protection.* Bogotá: Serie d'évaluation des politiques publiques internationales de Protection Internationale.

Coopération-Autrichienne. (2009). *Guide pour l'évaluation de projets et de programmes.* Copenhargue: Coopération Autrichienne pour le Développement.

Dayton, D. (2020). *How to write an inception report.* London: AID/a.collectionRF.

DFID. (2012). *Project completion report and final evaluation guidelines.* Londres: DFID.

FIDA. (2021). *Politique révisée de l'évaluation au FIDA.* Rome: FIDA.

GRANGER, R. (2022, 03 07). *La revue de projet: une étape clé dans la gestion d'un dossier.* Consulté le 03 07, 2022, sur www.manager-go.com/gestion-de-projet/revue-de-projet.htm: www.manager-go.com

ICAO. (2021, 03 02). *ICAO.* Consulté le 03 02, 2022, sur The International Civil Aviation Organization evaluation policy: www.icao.int/secretariat/Secretary General/OfficeOfInternalOversight/Documents/ICAO-Evaluation-Policy-2021.pdf

IEG. (2011). *Writing terms of reference for an evaluation: How to guide.* Washington DC: World Bank.

Loi n° 2015-052/ du 18 décembre 2015. (2015). *Journal officiel de la République du Mali .*

Mayne, J. (2017). *Théories de changement: Comment élaborer des modèles utiles.* Canadian Journal of Evaluation.

UNAID. (2010). *Guidance on developping terms of reference for HIV prevention Evaluation.* Washington: UNAID.

UNDP. (2005). *Annex 3: Evaluation terms of reference template and quality standards.* Consulté le 03 17, 2022, sur handbook documents: undp.org/evaluation/handbook/documents/english/pme-handbook-annex-3.pdf

UNEG. (2021). *Guidelines for the evaluation of the United Nations Sustainable development Cooperation Framework.* New York: UNEG.

UNODC. (2022, 03 12). *Evaluation norms, tools and guidelines.* Consulté le 03 12, 2022, sur Independent project evaluation: https://www.unodc.org/unodc/en/evaluation/normative-tools.html

USAID. (2022, 03). *Evaluation design report template.* Consulté le 03 16, 2022, sur USAID Jordan: jordankmportal.com/resources/evaluation-design-report-template

USAID. (2022, 03 14). *Evaluation report template.* Consulté le 03 14, 2022, sur Learning Lab: https://usaidlearninglab.org/sites/default/files/resource/files/eval_report_template_final2021.pdf

ANNEXES

www.ingramcontent.com/pod-product-compliance
Lightning Source LLC
LaVergne TN
LVHW051131210926
848482LV00001B/56
9798886763522